진짜! 어려운! 틀린사진찾기가 나타났다!

나를 찾아줘 아트 포스터

1판 1쇄 인쇄 2021년 1월 4일
1판 1쇄 발행 2021년 1월 8일

발행처 마리앤미
발행인 김가희
기획 및 편집 편집부
교정 박주란

등록 2020년 12월 1일(제2020-000053호)
전화 032-569-3293 **팩스** 0303-3445-3293
주소 22698 인천 서구 승학로506번안길 84, 1-501
메일 marienmebook@naver.com
블로그 blog.naver.com/marienmebook

ISBN 979-11-972861-3-1
      979-11-972861-0-0(세트)

이 책의 특징

너무 쉬운 건 재미없죠?

여기! 진짜 어렵고, 재미있는 틀린그림찾기가 나타났습니다.

《나를 찾아줘》 시리즈는 지금까지 만났던 틀린그림찾기와 전혀 다른 놀라운 퀄리티를 자랑합니다. 까다롭게 선별한 빈티지 아트 포스터와 정성껏 하나하나 숨겨놓은 페이지들은 궁금증과 함께 지적 승부욕을 자극할 것입니다.

너무 어려울 것 같아 한숨부터 나온다고요?

그럴 때는 편안한 마음으로 아트 포스터를 감상해보세요.

현대의 디자인과는 다른 감성을 담은 빈티지 아트 포스터 속, 신선한 컬러와 이미지를 통해 감각의 재발견을 선사할 것입니다.

어린아이부터 학생, 직장인, 그리고 부모님까지.

친구와 함께, 가족과 함께, 또 조용한 혼자만의 시간에도 놀라운 지적 탐험을 경험해보세요. 화려하고 감성적인 포스터에 몰두하는 동안 우뇌와 좌뇌가 모두 활성화되어 창의력, 집중력 향상은 물론 성취감까지 선사할 것입니다.

마음에 드는 아트 포스터는 인테리어에 활용해보세요.

자, 이제 즐거운 도전을 시작해볼까요?

더 재미있게 즐기기!

컬러 펜을 이용하면 더욱 효과적입니다. 또 포스트잇을 활용하여 틀린 곳을 표시했다가 떼어내면 여러 번 즐길 수 있습니다. 친구들과 팀을 나누어 어느 팀이 더 많이 찾는지 게임으로 즐길 수도 있습니다. 팀별로 색깔이 다른 포스트잇으로 구분하여 붙여주세요.

마음에 드는 그림은?

정답을 다 찾은 아트 포스터는 깔끔하게 잘라 액자에 넣거나 벽에 붙여 인테리어용으로 활용해도 훌륭합니다.

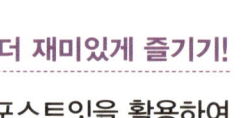

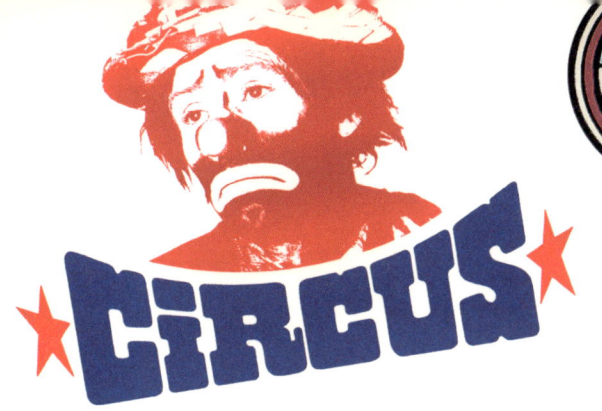

차례

아트 포스터 ❶
오페라 축제 광고 포스터 … 6-7　★★★☆

아트 포스터 ❷
〈지옥의 오르페우스〉 광고 포스터 … 8-9　★★★★★

아트 포스터 ❸
〈하퍼스 위클리〉의 잡지 표지 … 10-11　★★★★☆

아트 포스터 ❹
비누, 쇼트닝, 세제 광고 포스터 … 12-13　★★☆☆

아트 포스터 ❺
《프랑스의 신사는 없다》 포스터 … 14-15　★★★☆

아트 포스터 ❻
워너메이커스 백화점 광고 포스터 … 16-17　★★★☆

아트 포스터 ❼
〈퀸시티프린팅잉크〉사의 퀸 시티 시리즈 중
4번 광고 포스터 … 18-19　★☆☆☆☆

아트 포스터 ❽
〈퀸시티프린팅잉크〉사의 퀸 시티 시리즈 중
23번 광고 포스터 … 20-21　★★☆☆

아트 포스터 ❾
〈퀸시티프린팅잉크〉사의 퀸 시티 시리즈 중
24번 광고 포스터 … 22-23　★★☆☆

아트 포스터 ❿
〈퀸시티프린팅잉크〉사의 퀸 시티 시리즈 중
34번 광고 포스터 … 24-25　★☆☆☆

아트 포스터 ⓫
비누 광고 포스터 … 26-27　★☆☆☆

아트 포스터 ⓬
캘린더 포스터 … 28-29　★★★★☆

아트 포스터 ⓭
향수 광고 포스터 … 30-31　★★★★★

아트 포스터 ⓮
암스테르담 시립미술관 전시회 포스터
… 32-33　★☆☆☆

아트 포스터 ⓯
아이스크림 광고 포스터 … 34-35　★★★★★

아트 포스터 ⓰
자전거 광고 포스터 … 36-37　★★★☆

아트 포스터 ⓱
애국심 고취를 위한 공모전 포스터 … 38-39　★★☆☆

아트 포스터 ⓲
잡지 포스터 … 40-41　★★★★☆

아트 포스터 ⓳
〈얼트앤위보그〉사의 시리즈 중 79번 광고 포스터
… 42-43　★★★☆☆

아트 포스터 ⓴
〈얼트앤위보그〉사의 시리즈 중
116번 광고 포스터 … 44-45　★★★★☆

아트 포스터 ㉑
〈얼트앤위보그〉사의 시리즈 중
124번 광고 포스터 … 46-47　★★★★☆

아트 포스터 ㉒
〈얼트앤위보그〉사의 광고 포스터 … 48-49　★★★★☆

아트 포스터 ㉓
나사의 우주 여행 14개 시리즈 중 목성, 토성, 천왕성,
해왕성을 향한 그랜드 투어 … 50-51　★★★☆

아트 포스터 ㉔
나사의 우주 여행 14개 시리즈 중 화성 여행 … 52-53　★★☆☆

아트 포스터 ㉕
나사의 우주 여행 14개 시리즈 중 목성 여행 … 54-55　★☆☆☆

아트 포스터 ㉖
나사의 우주 여행 14개 시리즈 중 엔셀라두스 … 56-57　★☆☆☆

아트 포스터 ㉗
초콜릿 광고 포스터 … 58-59　★★☆☆

아트 포스터 ㉘
향수 광고 포스터 … 60-61　★★☆☆

★ 정답 … 62-64

Théâtre de l'Opéra

Samedi 22 Janvier
GRANDE FÊTE À L'OPÉRA
1er BAL MASQUÉ

《지옥의 오르페우스》 광고 포스터_쥘 셰레
Orphée Aux Enfers (1878)_Jules Chéret(French, 1836-1932)

아트 포스터 ❸

틀린 부분 10개

《하퍼스 위클리》 잡지 표지_맥스필드 패리시
Harper's Weekly, Christmas(1896)_Maxfield Parrish(American, 1870-1966)

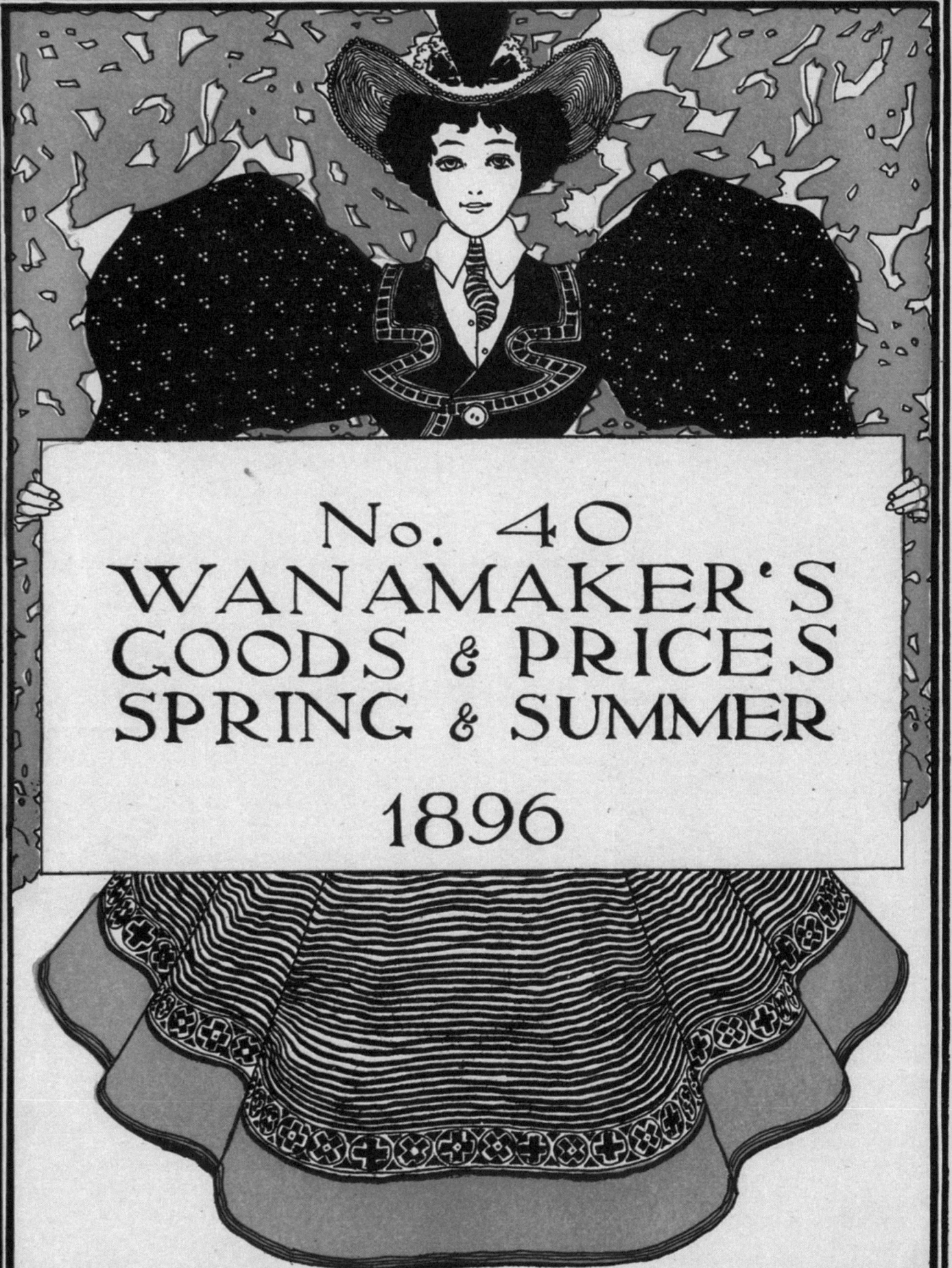

No. 40. Wanamaker's goods & prices, spring and summer 1896(1896)_Maxfield Parrish(American, 1870-1966)

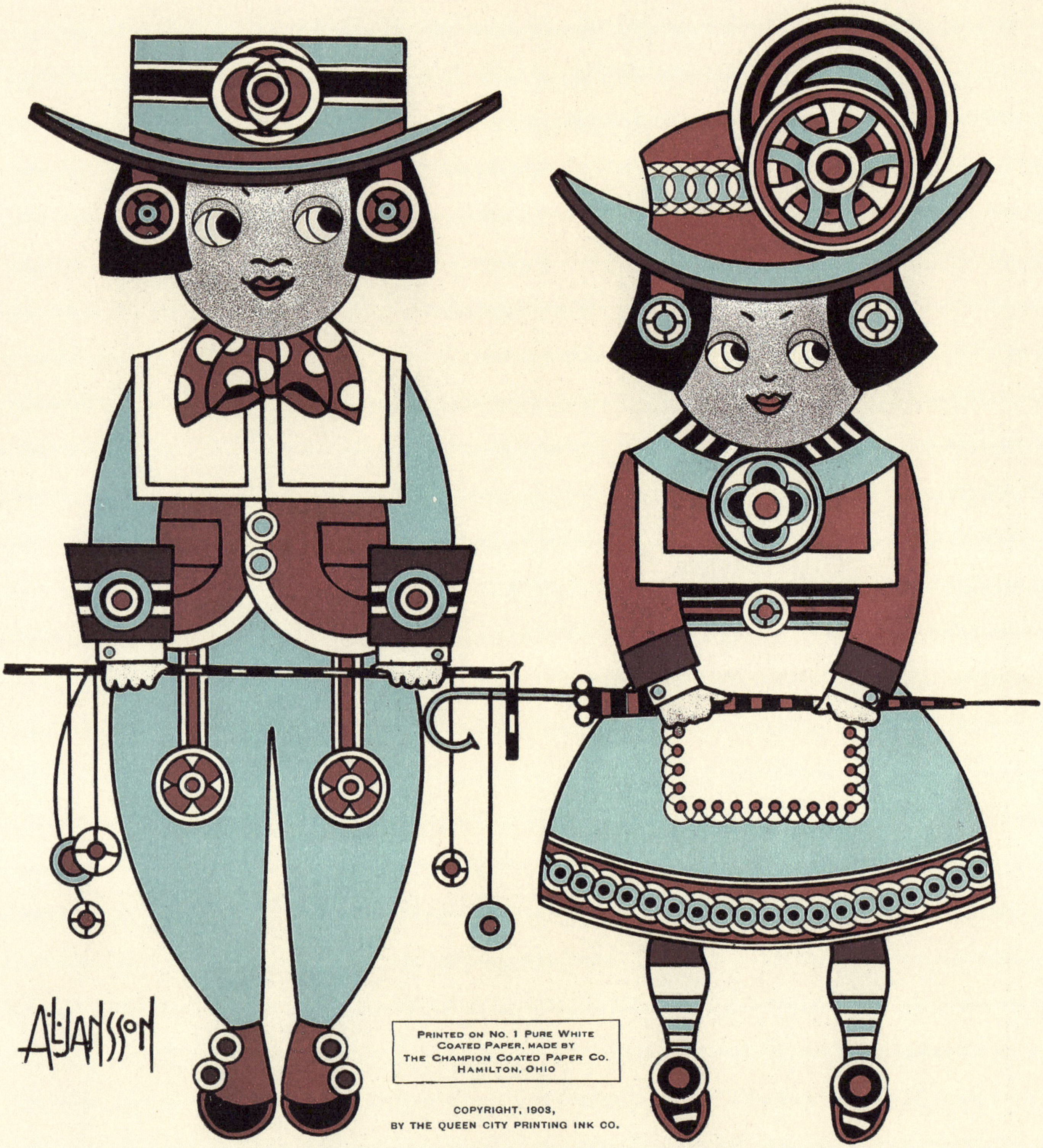

H. D. BLACK, 40.   RED, 2346.   GREEN, 2370.

THE QUEEN CITY PRINTING INK CO.

1925 South St., CINCINNATI, O.
345 Dearborn St., CHICAGO
147 Pearl St., BOSTON
734 Sansom St., PHILADELPHIA

틀린 부분 10개

〈퀸시티프린팅잉크〉사의 퀸 시티 시리즈 중 4번 광고 포스터_아우구스투스 얀손
Queen City Ink, Ad. 4 (1890-1913)_Augustus Jansson(Swedish, 1863-1931)

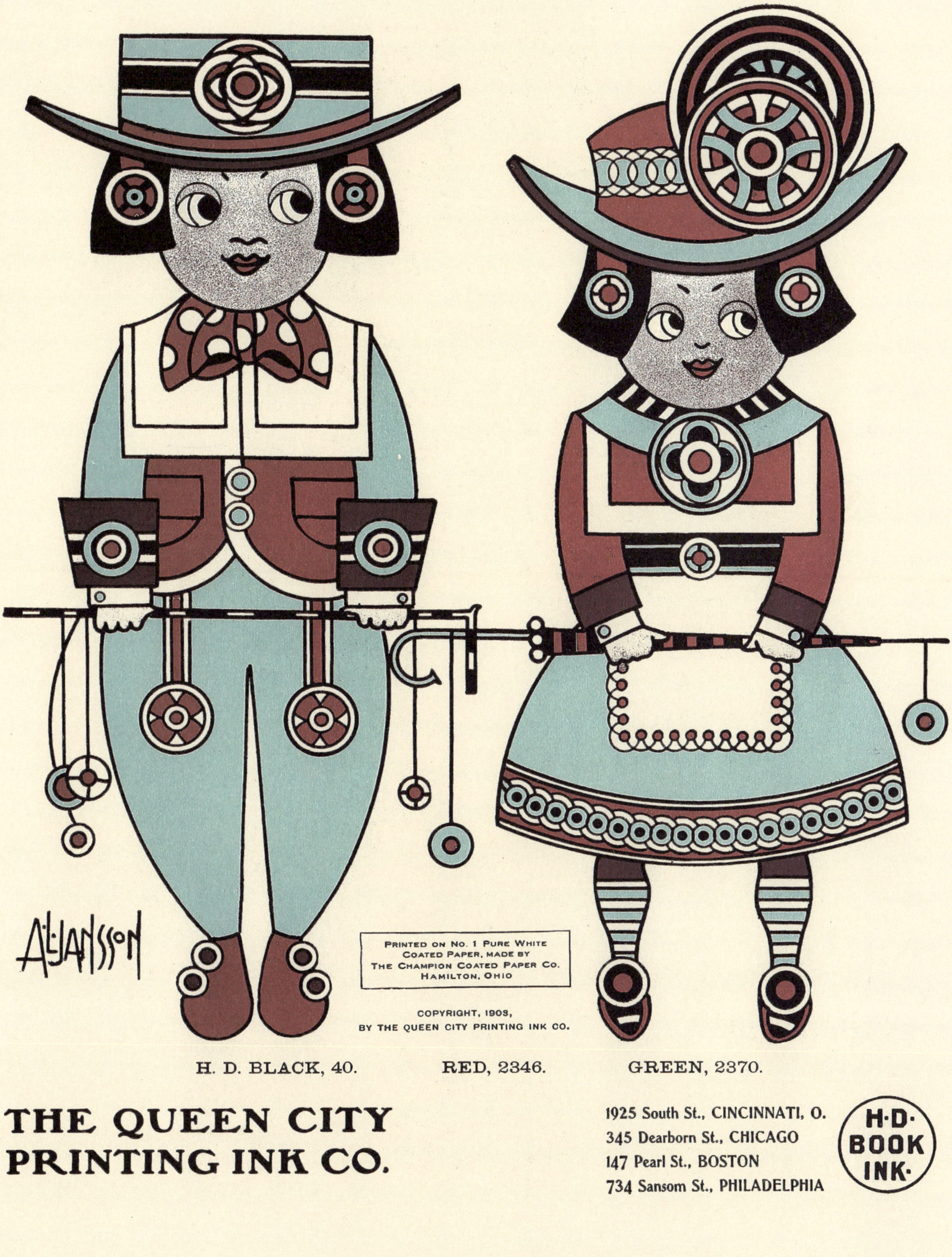

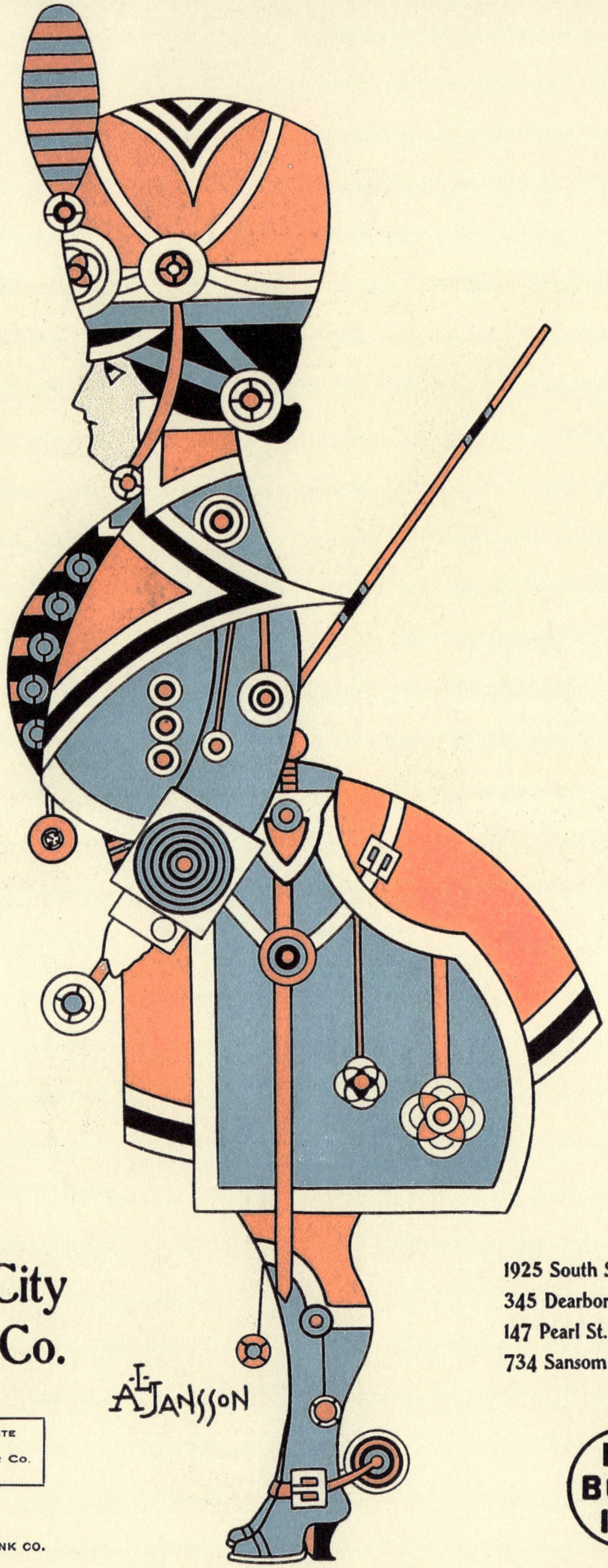

The Queen City Printing Ink Co.

1925 South St., CINCINNATI, O.
345 Dearborn St., CHICAGO
147 Pearl St., BOSTON
734 Sansom St., PHILADELPHIA

PRINTED ON No. 1 PURE WHITE COATED PAPER, MADE BY THE CHAMPION COATED PAPER CO. HAMILTON, OHIO

H·D· BOOK INK·

H. D. BLACK, 40. KHAKI BROWN, 2558. BLUE, 2557.

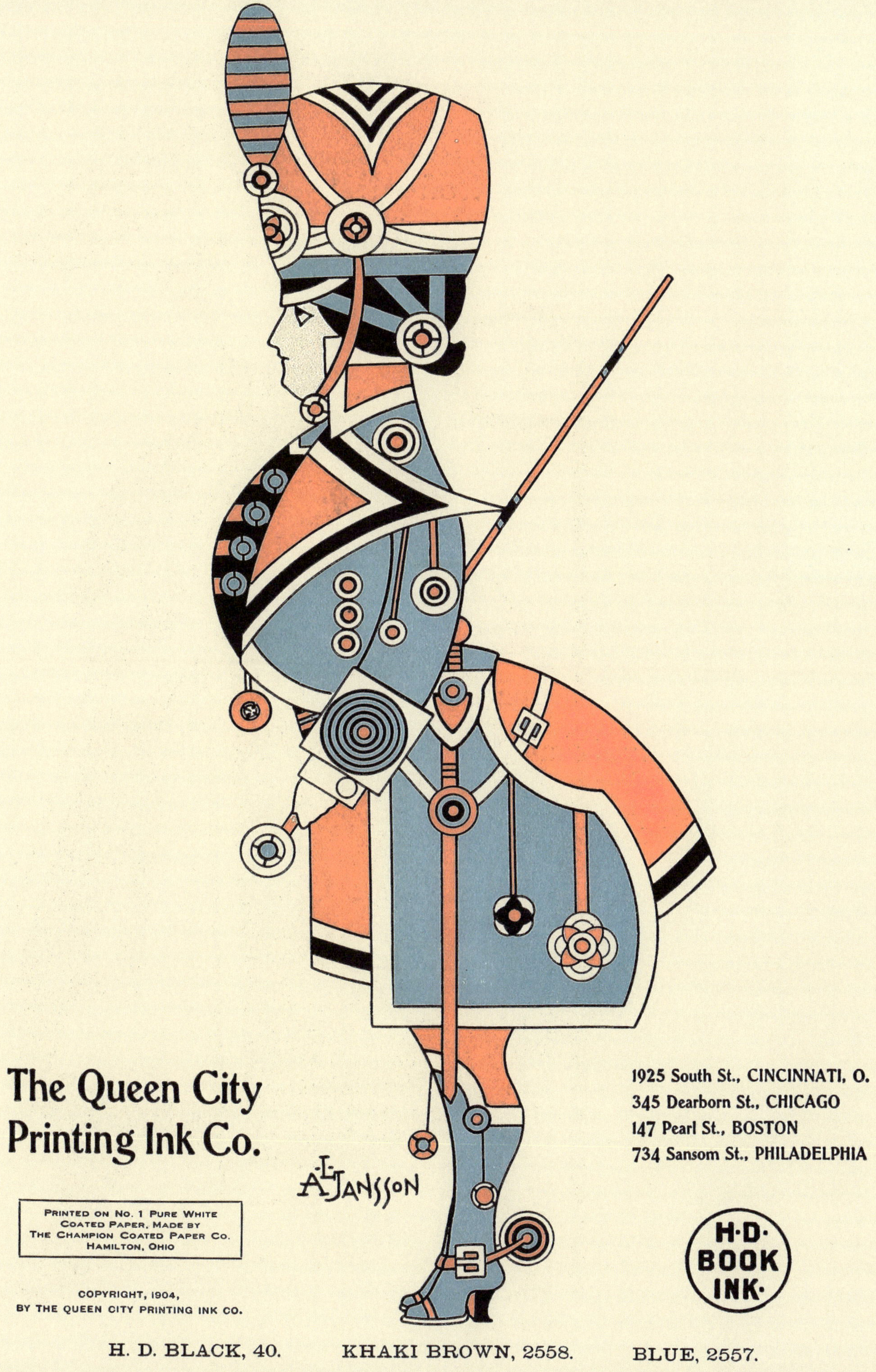

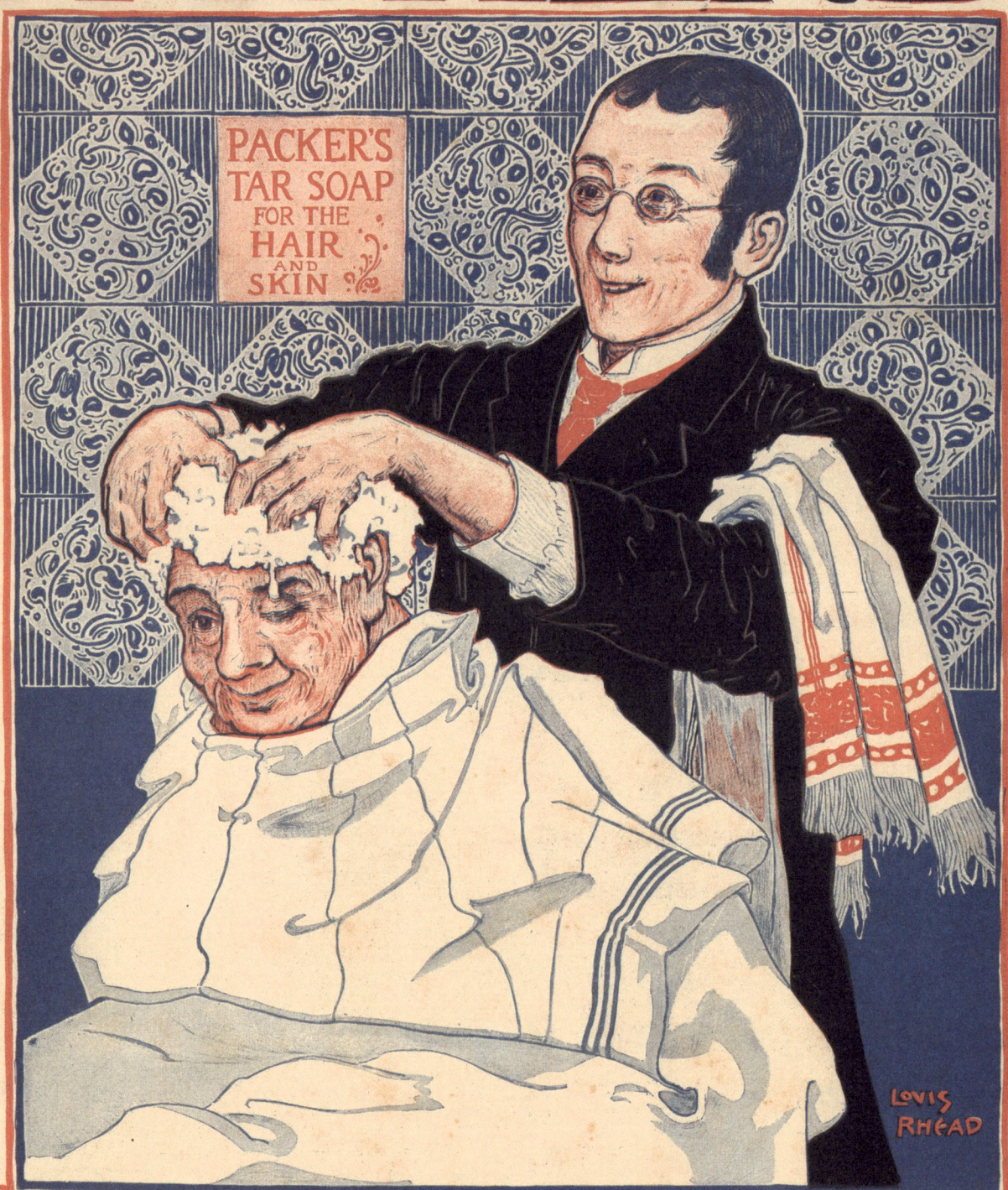

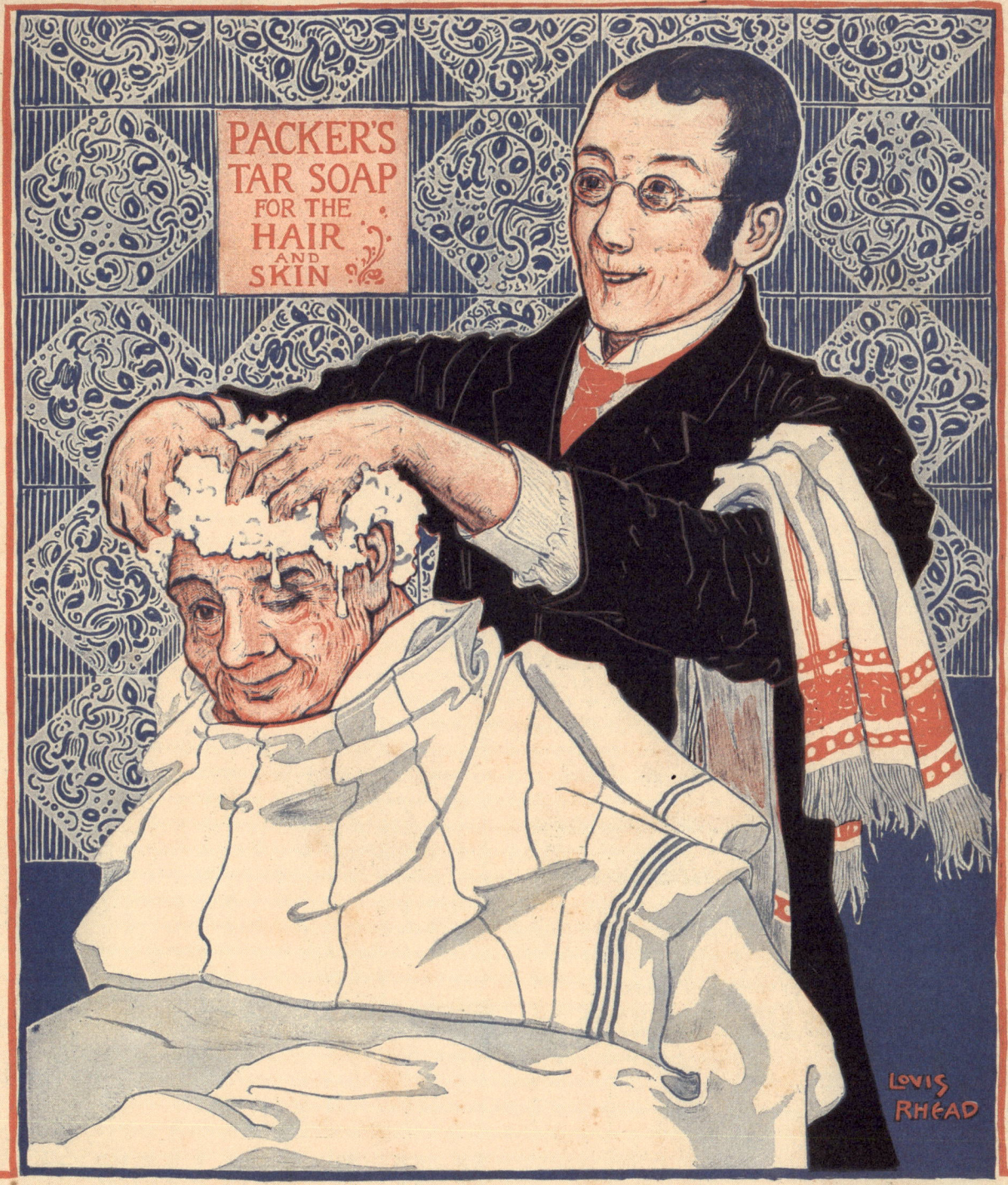

TRY VIO-VIOLET A NEW LUNDBORG PERFUME

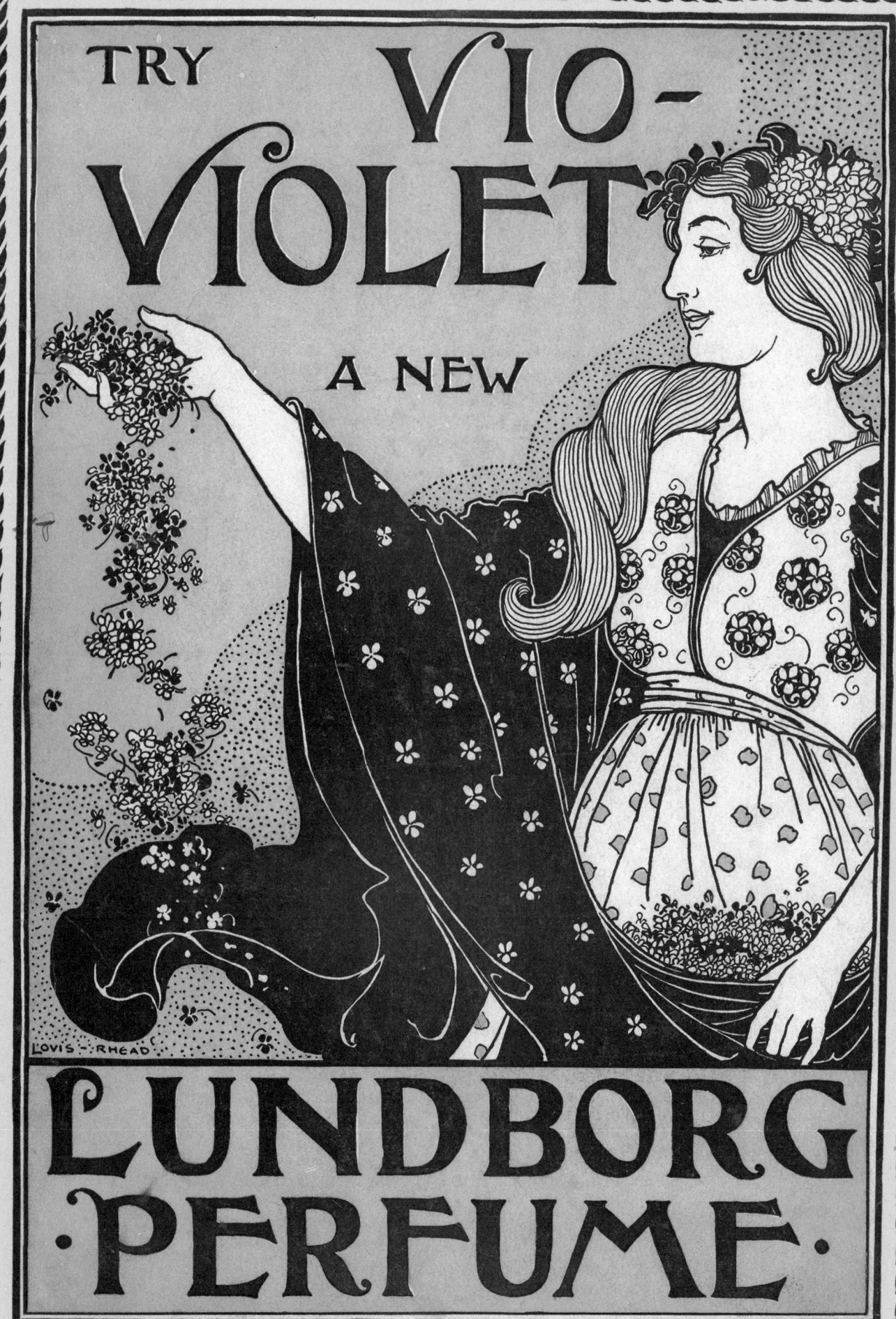

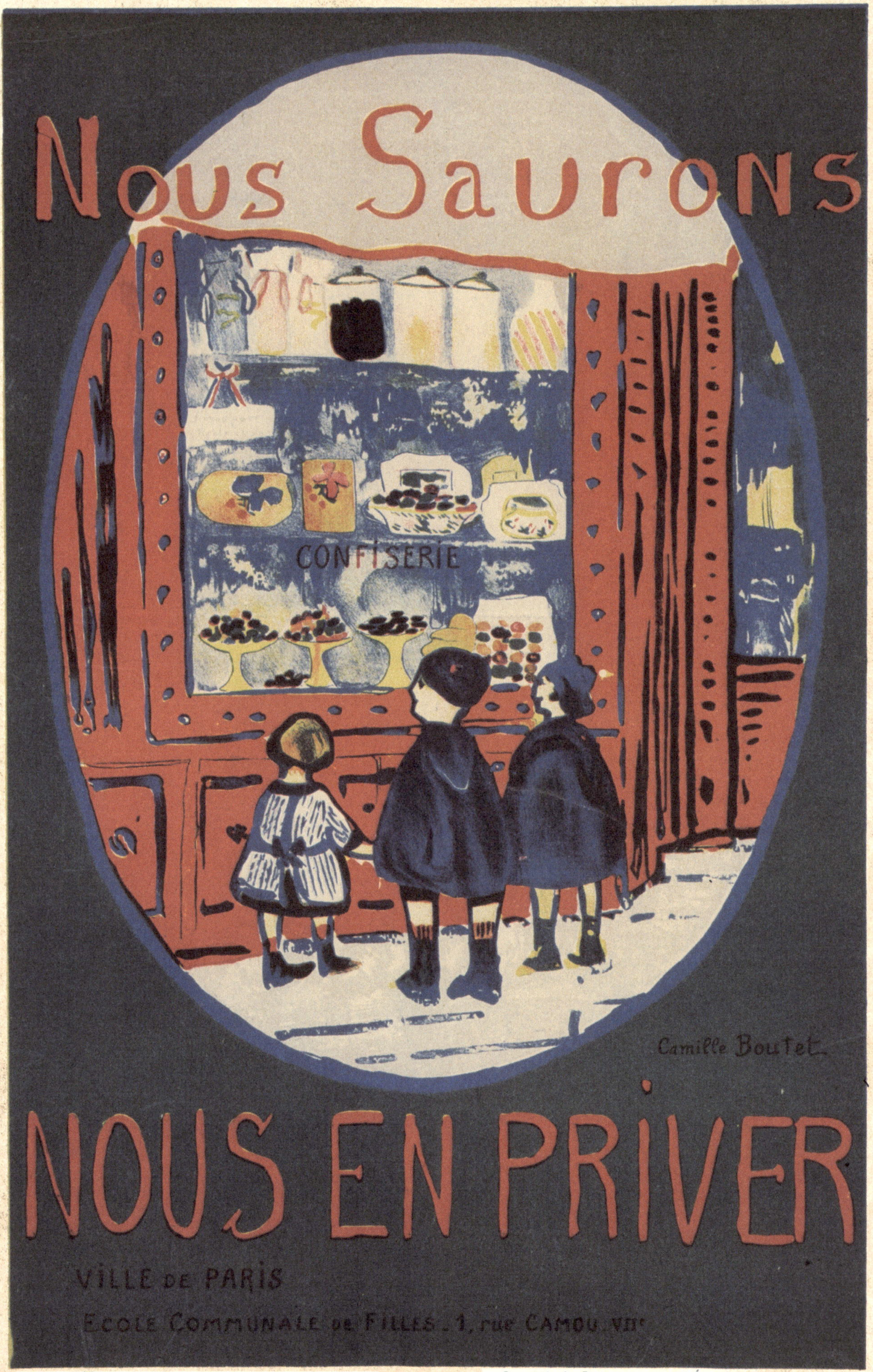

UNION FRANÇAISE, 286, Boulevard St Germain, PARIS. Comité de Prévoyance et d'Économies pour la Guerre.

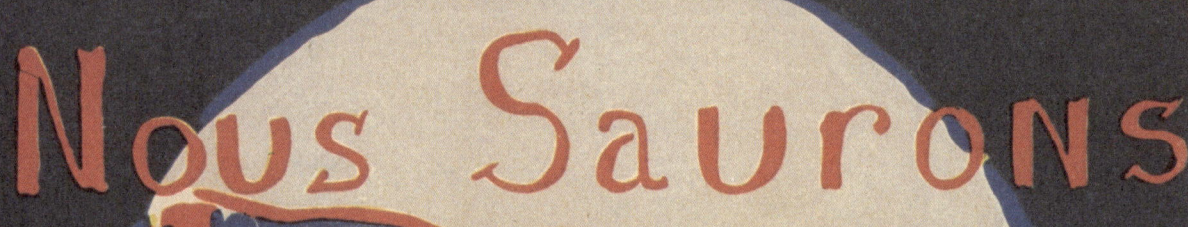

잡지 포스터_에버렛 E. 로리
To Date. A New Un Serio, A Good Un Comic (1895)_Everett E. Lowry (American, 1870–1936)

아트
포스터
⑲

틀린
부분
10개

〈얼트앤위보그〉사의 시리즈 중 79번 광고 포스터_익명
Ault And Wiborg, Ad. 079 (1890-1913)_Anonymous

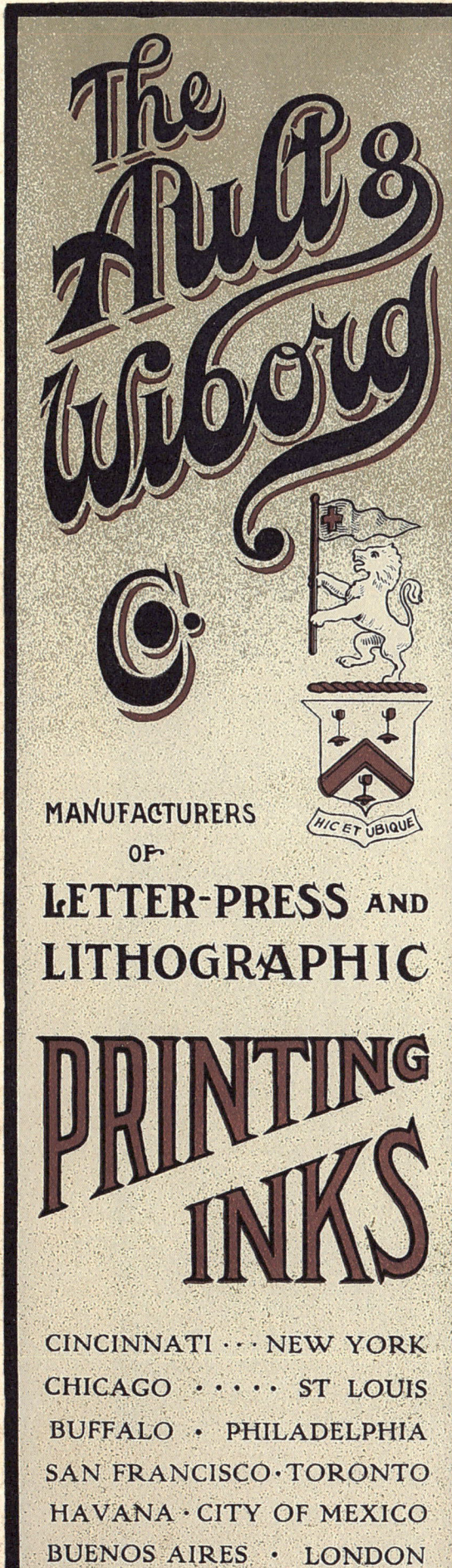

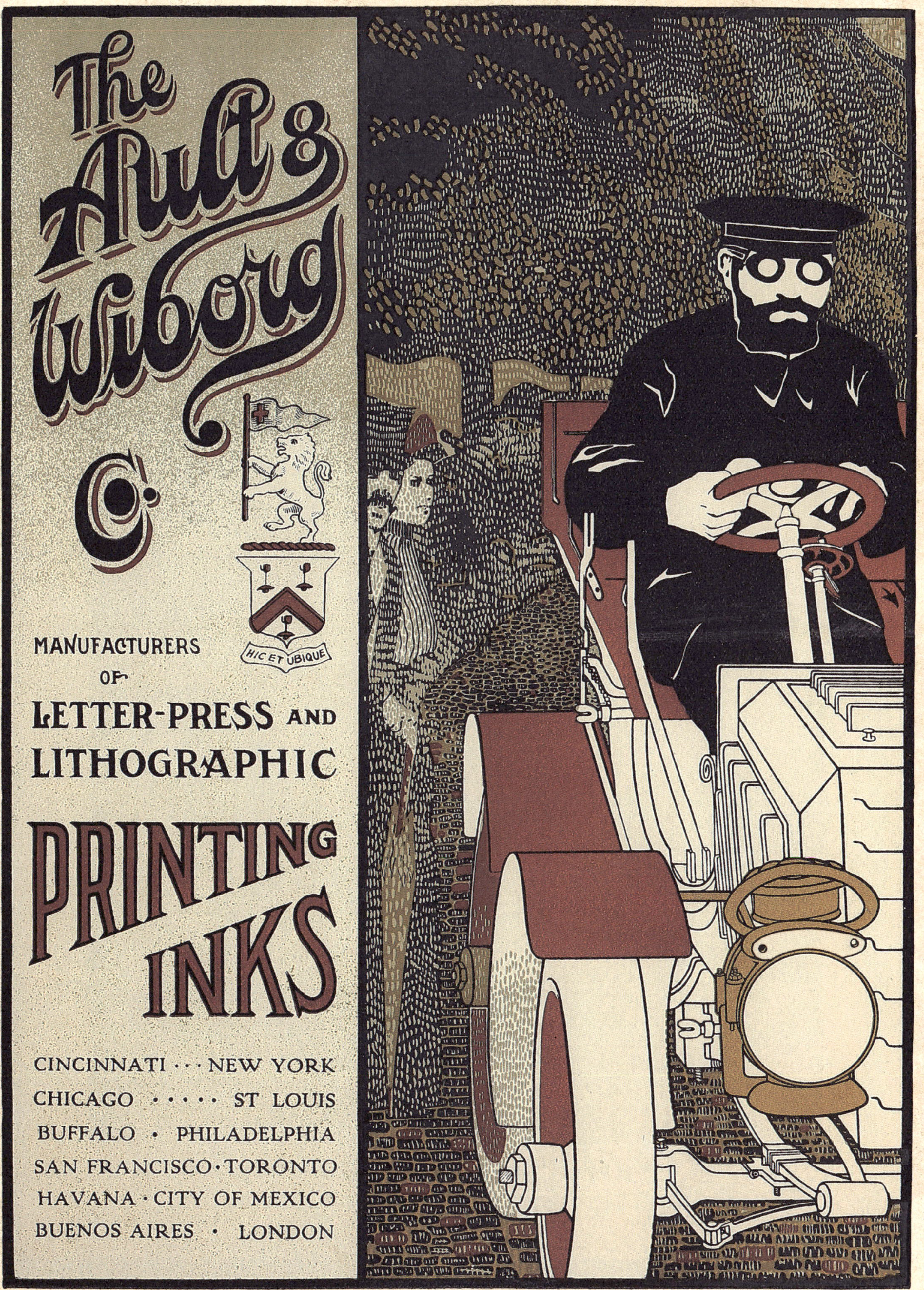

American design, original composition, representing three important periods of American History.

COPYRIGHTED.

DEEP REFLEX BLUE, 351-78.
BUFF TINT, 620-96.
GOLD INK, 592-30.
RED, 333-00.

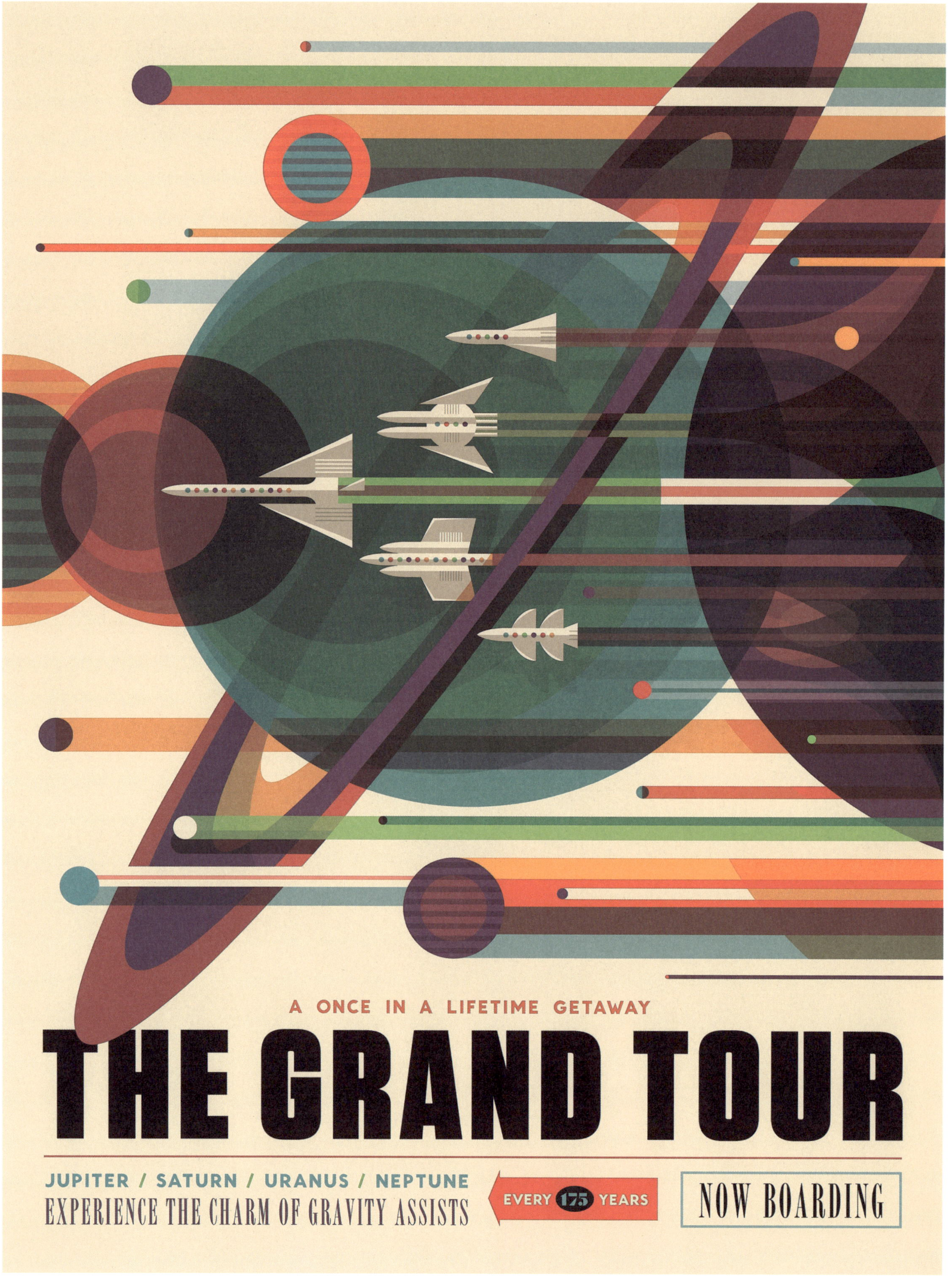
A ONCE IN A LIFETIME GETAWAY
THE GRAND TOUR
JUPITER / SATURN / URANUS / NEPTUNE
EXPERIENCE THE CHARM OF GRAVITY ASSISTS
EVERY 175 YEARS
NOW BOARDING

아트 포스터 25

틀린 부분 5개

나사의 우주 여행 14개 시리즈 중 목성 여행_NASA

Jupiter (2017)_NASA(American, 1958~)

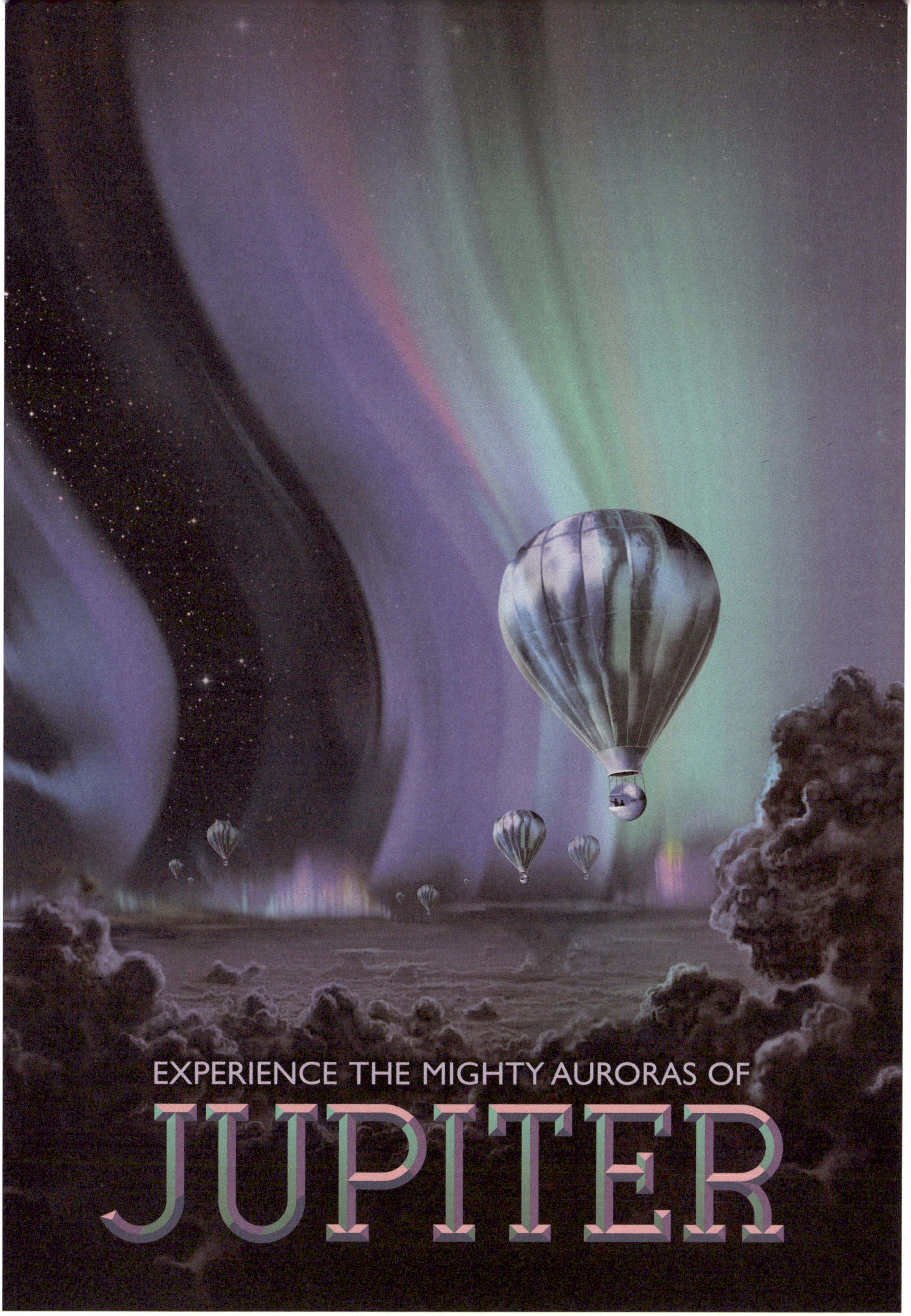

The Jovian cloudscape boasts the most spectacular light show in the solar system, with northern and southern lights to dazzle even the most jaded space traveler. Jupiter's auroras are hundreds of times more powerful than Earth's, and they form a glowing ring around each pole that's bigger than our home planet. Revolving outside this auroral oval are the glowing, electric "footprints" of Jupiter's three largest moons. NASA's Juno mission will observe Jupiter's auroras from above the polar regions, studying them in a way never before possible.

NASA Jet Propulsion Laboratory
www.jpl.nasa.gov

틀린
부분
5개

나사의 우주 여행 14개 시리즈 중 엔셀라두스_NASA

Enceladus (2017)_NASA(American, 1958-)

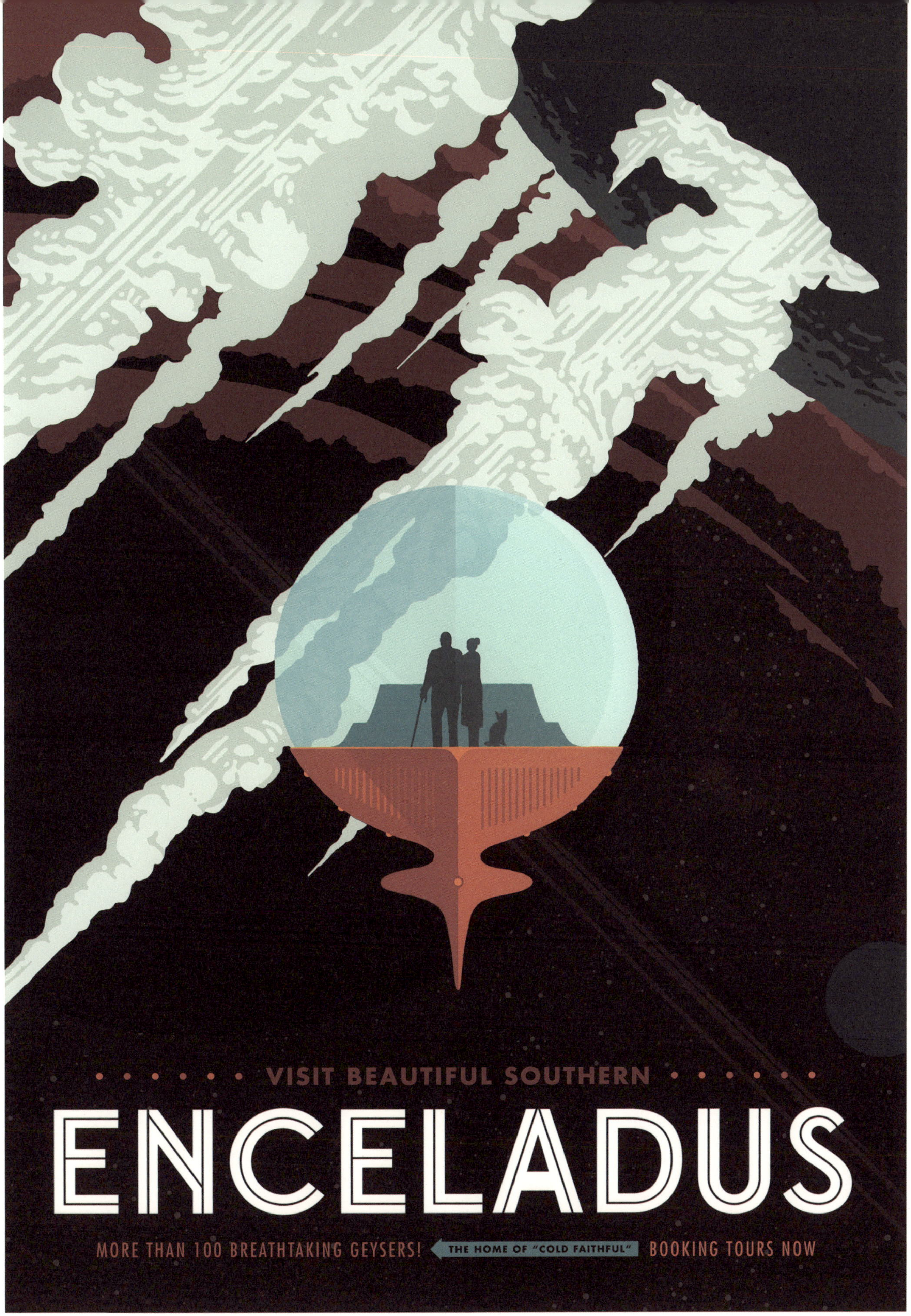

The discovery of Enceladus' icy jets and their role in creating Saturn's E-ring is one of the top findings of the Cassini mission to Saturn. Further Cassini mission discoveries revealed strong evidence of a global ocean and the first signs of potential hydrothermal activity beyond Earth – making this tiny Saturnian moon one of the leading locations in the search for possible life beyond Earth.

NASA Jet Propulsion Laboratory
www.jpl.nasa.gov

아트 포스터 27

틀린 부분 5개

Whitman's Chocolates And Confections, Philadelphia (1895-1917)_Alphonse Mucha(Czech, 1860-1939)

정답

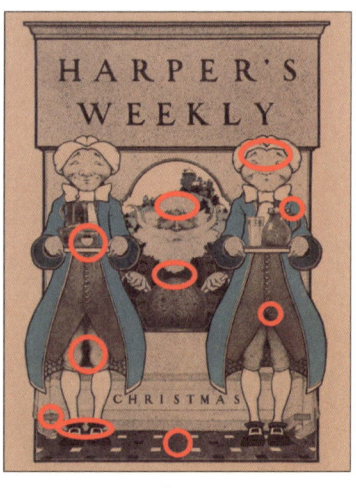

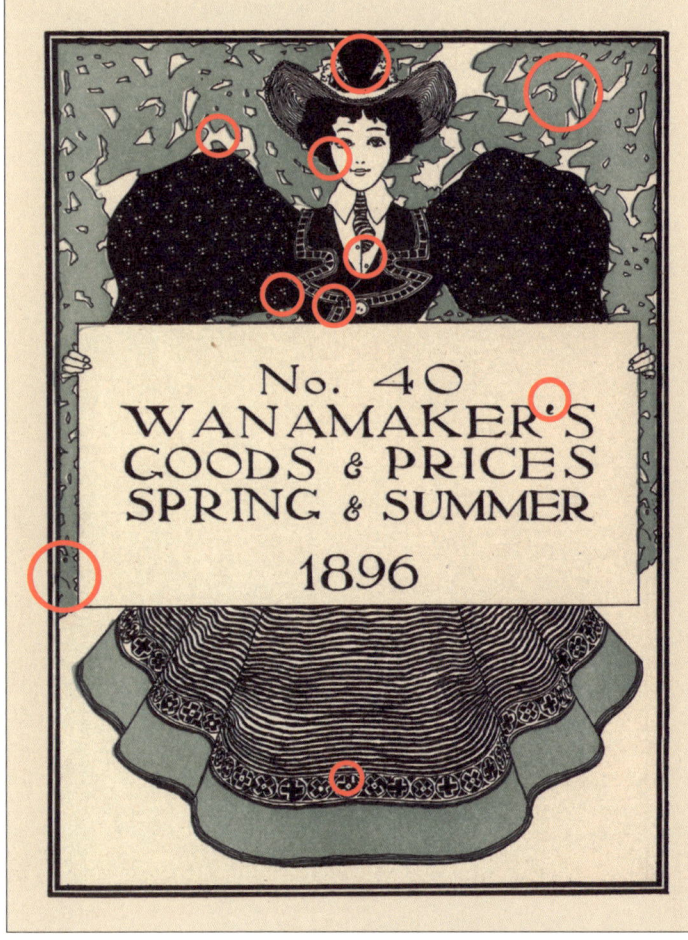

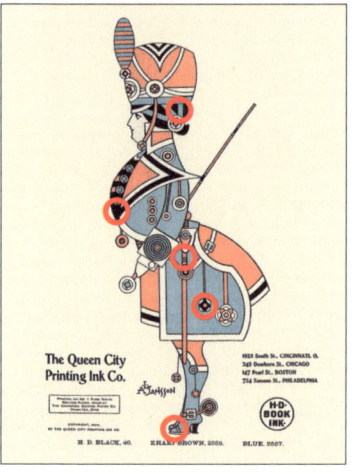
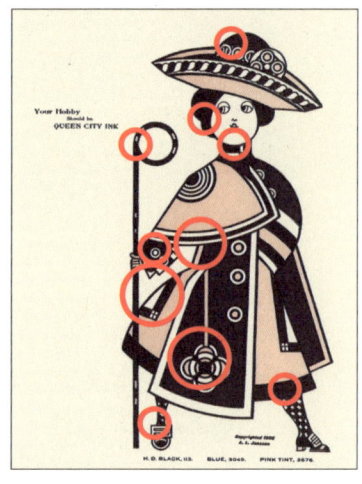

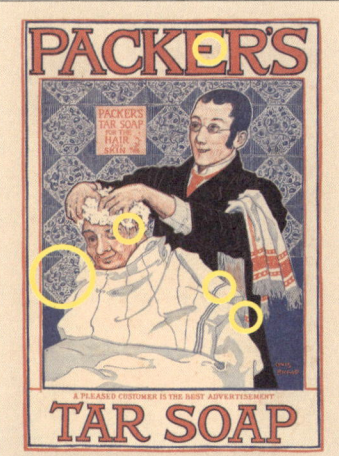

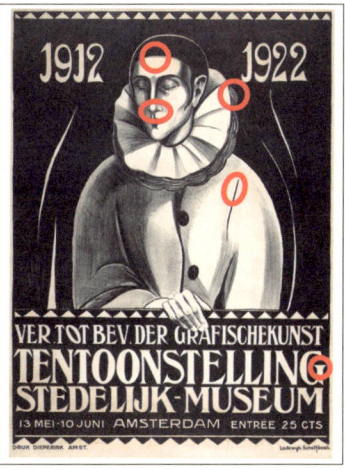

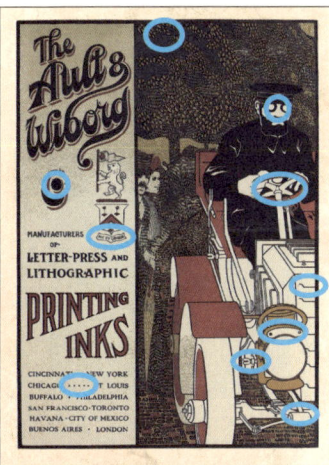

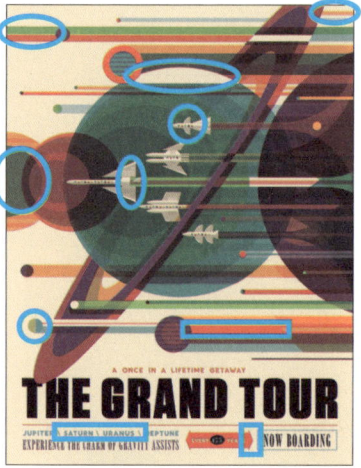

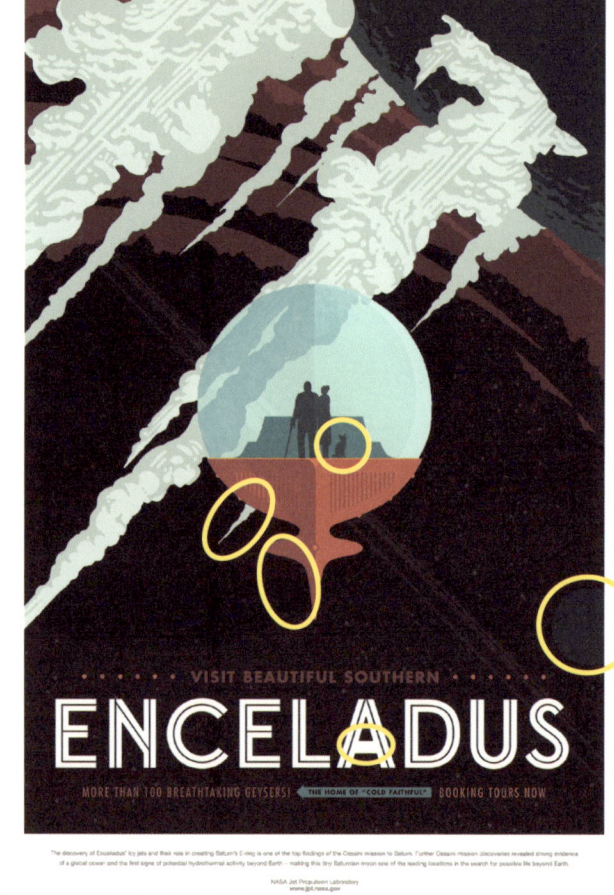
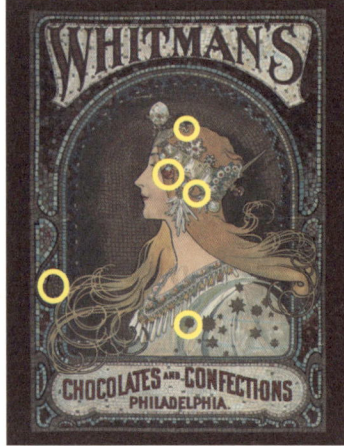